GUÍA DE LECTURA

Escrita por Natalia Torres Behar

El maestro y Margarita

de Mijaíl Bulgákov

Resumen
Express.com

Entiende fácilmente la literatura con

ResumenExpress.com

www.resumenexpress.com

MIJAÍL BULGÁKOV

UN DESTINO TRÁGICO

- **Nacido en 1891 en Kiev (Imperio ruso, actual Ucrania)**
- **Fallecido en 1940 en Moscú (antigua Unión Soviética)**
- **Algunas de sus obras:**
  - *La guardia blanca* (1924), novela
  - *Corazón de perro* (1925), novela
  - *Apuntes de un joven médico* (1926), cuento
  - *Iván Vasílievich* (1936), obra de teatro

Mijaíl Bulgákov fue uno de los siete hijos de una pareja de profesores, quienes a su vez eran hijos de miembros prominentes del clero de la Iglesia ortodoxa rusa. Debido a que creció en una familia muy culta, gracias a la cual leyó desde pequeño, Bulgákov desarrolló un gran amor por los estudios. En el colegio leyó a Gógol, Pushkin, Dostoyevski y Dickens, gracias a los cuales desarrolló interés en la literatura mundial. Sin embargo, cuando se graduó, decidió estudiar Medicina y trabajar, después, en el hospital militar de Kiev. Fue así como fue enviado al frente durante la Primera Guerra Mundial donde estuvo a punto de morir varias veces.

En 1919, durante la Revolución rusa, fue asignado al Cáucaso, donde empezó a trabajar como periodista. Fue por aquella época cuando Bulgákov vio por última vez a su familia, que emigró a París a causa de la Revolución; él tuvo que quedarse debido a que había contraído tifo durante la guerra. Entonces, decidió establecerse en Moscú y dejar la Medicina para convertirse en escritor, pues esta había sido su pasión secreta. Allí consiguió un trabajo en la Dirección de Literatura del Comité Central de la República para la Educación Política. Durante esos años, Bulgákov escribió algunos relatos y varias obras de teatro, que al principio tuvieron el visto bueno de Stalin, quien lo defendió de los críticos. Sin embargo, la suerte le cambió pronto y desde 1929 fue víctima de la censura y desaprobación del régimen. Sus obras no eran lo suficientemente comprometidas políticamente, pues su escritura no exaltaba a los héroes soviéticos y sus proezas.

Desesperado, Bulgákov le escribió a Stalin rogándole que si no le servía como escritor, entonces lo dejara irse del país. Stalin respondió a su carta y prometió protegerlo de la prisión y la muerte, pero no le permitió dejar Rusia. Por esa razón, los últimos años de vida de Bulgákov estuvieron marcados por muchas dificultades económicas, pues aunque su vida no corría peligro, nadie quería publicarlo. Es por esta razón que muchas de sus obras, que criticaban o parodiaban el sistema soviético, se quedaron guardadas en su escritorio durante muchos años.

Bulgákov murió en 1940, pobre, deprimido e ignorado, de una enfermedad hereditaria del riñón. Fue su esposa, Yelena Bulgakova, quien en 1967 se decidió, por fin, a publicar la novela en la que él había trabajado durante años y que lo haría famoso: *El maestro y Margarita. Hasta ese momento Bulgákov había sido un escritor poco conocido en Rusia y desconocido en el resto del mundo, pero hoy en día es uno de los escritores rusos más importantes del siglo XX.*

EL MAESTRO Y MARGARITA

LA NOVELA DEL DIABLO

- **Género:** novela
- **Edición de referencia:** Bulgákov, Mijaíl. 2004. *El maestro y Margarita. Traducido por Julio Travieso Serrano. México: Lectorum*
- **Primera edición:** 1967
- **Temáticas:** relación entre bien y mal, defectos del ser humano, verdad y libertad del espíritu

El maestro y Margarita casi no ve la luz. No solo su autor la quemó y reescribió varias veces, y sus páginas quedaron inconclusas, sino que tuvieron que pasar más de 27 años desde que fue escrita para que la publicaran. Esta extraña novela cuenta tres historias que se entrecruzan: los días de su vida durante los cuales Poncio Pilato conoció a Jesús de Nazaret, la historia de amor de un hombre y una mujer y una visita del diablo a Moscú.

A lo largo de sus páginas, el lector descubrirá cómo estas historias están relacionadas y se verá envuelto en una trama absurda llena de humor, aventuras y reflexiones filosóficas y teológicas que le revelarán los más oscuros secretos de la condición humana.

¿SABÍA QUE...?

Se cree que el viejo apartamento de Bulgákov es el mismo en el que se sitúan varios episodios de la novela.

Por esa razón, durante las décadas de los 1980 y 1990 el edificio se convirtió en un lugar de peregrinación para grupos satánicos moscovitas y fanáticos de Bulgákov que iban tras los pasos de su héroe. Hoy en día el apartamento es uno de los museos que hay en la ciudad para honrar al famoso escritor.

RESUMEN

LA VERSIÓN DE PONCIO PILATO

Aquel viernes por la mañana, el procurador Pilato se levantó con un cierto malestar, agravado por el calor y el olor a aceite de rosas que tanto le molestaba. A pesar de que lo único que quería era que lo dejaran en paz, esto no iba a ser posible, pues tenía que interrogar a un hombre condenado por el Sanedrín y tomar una decisión. Aquel hombre se llamaba Joshúa Ga-Nozri.

Joshúa era acusado de haber incitado al pueblo a destruir el templo de Jerusalén, pero él decía que eso no era cierto, sino que las personas no entendían lo que él decía. Esto pasaba, sobre todo, porque había un hombre que lo seguía, Leví Mateo, que lo escribía todo en un pergamino, pero la mayoría de lo que escribía era falso. Por ejemplo, él no había incitado a la destrucción del templo, sino que había dicho que el templo de la antigua fe caería para dar paso al de la verdad.

A pesar de que Pilato quiso ponerse a discutir sobre qué era la verdad, siguió hablando con el hombre, que le resultaba interesante, y decidió que era un simple filósofo vagabundo que andaba predicando por ahí, pero que sus palabras no tenían relación con los desórdenes sucedidos en Jerusalén hacía unos días. Cuando ya se disponía a dejarlo libre, exiliándolo de la ciudad, el secretario le dio un segundo documento con nuevas acusaciones. En este se decía que Joshúa se había reunido unas noches atrás con un tal Judas de Karioth y había hablado mal del César. Joshúa le intentó explicar al procurador que lo que él dijo es que llegaría un día en que no existiría el poder de ninguna persona sobre otras, lo cual enfureció más a Pilato, quien finalmente lo condenó a la crucifixión, pues, como procurador, no podía permitir que nadie hablara mal del César. Después de que todo pasara, Pilato se sintió culpable, pues había algo en Ga-Nozri que lo había atraído, pero que también le había parecido peligroso.

EL DIABLO VISITA MOSCÚ

Es la Rusia de 1930. Berlioz, que es el presidente del Massolit, el sindicato de escritores rusos, se encuentra en un parque con Iván Desamparado, un joven escritor, para hablar de su nuevo libro sobre Jesús. En ese momento, un aparente extranjero los oye y se mete en la conversación. Empiezan a hablar sobre Dios y el diablo, y Berlioz le asegura al extraño que de esos temas se puede hablar con tranquilidad en Moscú, pues allí todo el mundo es ateo y sabe que esos dos no existieron.

El extranjero, sin embargo, no está de acuerdo y les dice que los dos existieron y que él estuvo allí. Berlioz lo toma por un loco, pero para retarlo le pide que prediga su muerte, y este lo hace: unos momentos después, cuando Berlioz va a denunciar al extranjero, se resbala y es atropellado por un tranvía que le corta la cabeza.

Iván, asustado y desesperado, intenta perseguir al extranjero para que la policía lo atrape, pero solo logra verlo irse acompañado por otros tres hombres, uno de los cuales parece un enorme gato. En un momento de irracionalidad, decide perseguirlos por toda la ciudad, pero solo consigue ser internado en un manicomio, pues nadie le cree lo que dice que vio.

Mientras tanto, el misterioso extranjero, cuyo nombre es Voland, llega al apartamento de Berlioz y decide instalarse allí con su séquito que, además de estar integrado por el hombre/gato, está formado por un individuo flaco y alto, llamado Fagot, y otro pelirrojo y con colmillos sobresalientes, cuyo nombre es Azalelo.

Fagot, quien parece ser el asistente de Voland, habla con Stiopa, el compañero de apartamento de Berlioz y presidente del teatro Variedades. Fagot obliga a Stiopa a hacer un contrato con Voland para que se presente al día siguiente en el teatro con un espectáculo de magia negra. En seguida, y de forma inexplicable, Stiopa es enviado a Yalta.

El espectáculo de Voland es fascinante y aterrador, caótico y calculado; el evento más extraño jamás visto en Moscú. En este, llueve dinero del cielo para los espectadores y las mujeres pueden cambiar su ropa vieja por vestidos nuevos. Y cuando el presentador, Bengalski, dice que se trata de un truco de hipnosis, le arrancan y le vuelven a poner la cabeza:

> «—A propósito, éste —Fagot señaló a Bengalski— me tiene harto. Siempre se mete donde no le llaman y con sus mentirosas observaciones estropea el acto. ¿Qué haremos con él?
> —Que le arranquen la cabeza —gritó alguien con dureza en la galería.
> — ¿Cómo dice? ¿Eh? —respondió enseguida Fagot a aquella

escandalosa propuesta— ¿Arrancarle la cabeza? Esa sí es una buena idea. Hipopótamo —le gritó al gato— Hazlo. Eins, zwei, drei» (Bulgákov 2004, 138).

El público está fascinado y asustado. Los otros directores del teatro, Rimski y Varenuja, no entienden qué le pasó a Stiopa, y cuando intentan dar con él no lo encuentran por ninguna parte, ni tampoco el contrato que firmó con Voland. Cuando la gente sale del *show*, los vestidos de las mujeres se deshacen y el dinero se convierte en simples papeles sin valor: Moscú es caos y desorden.

En otras oficinas culturales, la confusión no es menor. Funcionarios que de repente empiezan a cantar y no pueden parar, directores y jefes desaparecidos y reemplazados por trajes sin cabeza con vida propia, y un largo sinfín de personajes sumidos en el caos.

Entre tanto, Iván sigue en la clínica tratando de recuperarse y aunque intenta escribir lo que vio y lo que sucedió para denunciarlo a la policía, su historia se vuelve cada vez más enredada y confusa. Una noche lo visita un hombre que también está internado y que le cuenta que lo ingresaron en la clínica porque hace un año escribió una novela sobre Poncio Pilato y desde ese momento su vida dio un giro. Todo el mundo le dice «Maestro» a este hombre misterioso.

LA HISTORIA DEL MAESTRO Y SU AMADA

El Maestro es un historiador de formación, que se dedicaba a la traducción desde que ganó la lotería. Gracias a eso, se pudo dedicar a lo que siempre había querido: escribir una novela sobre Poncio Pilato.

Un día, el Maestro ve a una mujer caminando por la calle: lleva unas inquietantes flores amarillas que contrastan con su abrigo negro. La mujer es muy bella, pero lo más sorprendente es la soledad que se ve en sus ojos. Los dos se ponen a hablar e inmediatamente se dan cuenta de que están destinados a estar juntos, de que se habían conocido desde siempre y de que estaban hechos para amarse. El único impedimento es que ella, Margarita, está casada.

Cuando el Maestro termina de escribir su novela, se la lleva a un editor, que la rechaza. A partir de ese momento, todo en la vida del Maestro es confusión: a pesar del rechazo, los críticos hablan de su novela en los periódicos y dicen que él es un creyente ingenuo. Empieza a enloquecer y a sentir que un pulpo lo está envolviendo. Por eso, un día, en un arranque de ansiedad, quema la novela.

Margarita, al verlo tan mal, se decide a dejar a su marido y le promete al Maestro que al día siguiente estará con él para siempre. Eso es lo último que recuerda el Maestro antes de terminar en la clínica psiquiátrica.

Al día siguiente, cuando Margarita va a buscarlo, no lo encuentra. Ella no entiende qué ha pasado y los siguientes meses son los más horribles de su vida. Pasa el invierno llorando, sin saber si él está vivo o muerto y sin poder olvidarlo.

Un día de esos de caos en Moscú, se levanta con un presentimiento de que algo va a ocurrir. Ella va en un bus, viendo de lejos el entierro de Berlioz, cuando se le sienta al lado un tipo de pelo rojo y colmillos prominentes; se trata de Azalelo. Aunque al principio ella lo ignora, Azalelo le insinúa que sabe algo del paradero del Maestro, al recitar una parte de su novela, y la invita a una cena esa noche con un extranjero. Debido a la mención del Maestro, Margarita acepta y el hombre le regala una crema que debe untarse antes del evento y le da direcciones de cómo llegar.

Esa noche, Margarita, optimista, se baña y se aplica la crema. Inmediatamente tiene la certeza que se ha convertido en bruja. Está feliz y dichosa y descubre que puede volar en una escoba sin que nadie la vea. Así pues, se dirige a su cena, pero antes destruye el edificio en el que viven todos los literatos que le arruinaron la vida al Maestro.

Finalmente, llega a un apartamento en Moscú y allí la espera Fagot. Él le dice que hay un baile muy importante, que él y los suyos siempre celebran y que debe haber una reina para su señor. La mujer debe llamarse siempre Margarita y ella fue a la única que encontraron que valiera la pena. Margarita se muestra dispuesta a ser la reina y le presentan al señor. El hombre es Voland, que ella inmediatamente sabe, aunque no se lo digan, que es el diablo.

El baile es un evento majestuoso y lleno de lujos y extravagancias, con invitados famosos y talentosos. Los invitados llegan a través de una chimenea, dentro de féretros y en forma de cadáveres o calaveras y después se transforman en personas vestidas para la ocasión, con frac. Hay toda clase de «pecadores» y criminales como Julio César, Calígula o Mesalina, y algunos reyes, duques, caballeros, suicidas, asesinos, ladrones, verdugos y traidores.

Al finalizar la fiesta, Voland le dice a Margarita que le pida algo a cambio de sus servicios y ella le pide que le devuelva al Maestro. El diablo así lo hace. Entonces, el Maestro y Margarita pueden reencontrarse, aunque el Maestro piensa en un principio que está alucinando y que ha enloquecido otra vez.

Voland le pregunta a Margarita qué más quiere y ella dice que quiere volver a la vida tranquila de antes con él. Así, todo el séquito va a llevarlos a reiniciar su vida antes de abandonar la ciudad, y aunque Margarita teme que todo sea un encantamiento, se da cuenta de que Voland es verdaderamente omnipotente.

Mientras tanto, en Moscú, todos los eventos extraordinarios de los últimos días se explican como el producto de un fuerte encantamiento de hipnosis colectiva.

¿Sabía que...?

Tal como el personaje del Maestro, Bulgákov quemó la primera versión de su novela denominada *La novela del Diablo* y después la reescribió ocho veces. De hecho, se dice que el Maestro comparte varios elementos biográficos con Bulgákov. La gran diferencia, sin embargo, es que los últimos días de Bulgákov fueron un infierno de pobreza y enfermedad, mientras que el Maestro alcanza la paz eterna junto a su amada.

ESTUDIO DE LOS PERSONAJES

VOLAND

Voland es un misterioso extranjero (tal vez inglés o alemán) que dice ser profesor y saber de magia negra. Es un hombre millonario, manipulador y muy poderoso. Sus intenciones nunca son claras y parece gozar del caos y la confusión. En la novela, se dice que en los varios informes y reportes escritos sobre él, su descripción cambia dependiendo de quién lo describe. Hay algunos personajes que dicen que es un hombre bajito, con dientes de oro y un poco cojo del pie derecho. Otros dicen que es muy alto, con dientes de platino y cojo del pie izquierdo. Otros dicen que no tiene ninguna característica especial y que no llama la atención. Pero su verdadera descripción es la siguiente:

> «Antes de todo, no cojeaba de ninguna pierna y su estatura no era ni pequeña ni enorme, simplemente alto. En lo que se refiere a los dientes, a la izquierda llevaba una corona de plata y en la derecha otra de oro [...]. Aparentaba unos cuarenta y tantos años. Bien afeitado, moreno. La boca algo torcida. El ojo derecho negro, el izquierdo, por alguna causa, verde, las cejas negras, pero una más alta que la otra» (Bulgákov 2004, 22).

MAESTRO

El Maestro, de quien nunca sabemos su verdadero nombre o apellido, es un historiador y escritor muy culto. Sin embargo, es también un incomprendido. Su novela no tiene éxito y los rechazos que esta le trae terminan enloqueciéndolo a tal punto que lo encierran en un manicomio. Es un hombre tranquilo y pacífico, que solo vive por el amor de Margarita.

MARGARITA

Margarita es una bella e inteligente mujer de aproximadamente treinta años. Casada con un militar millonario al que no ama, no tiene hijos y lleva una vida de ama de casa bastante aburrida y deprimente. Esto cambia, sin embargo, cuando conoce al Maestro y se enamoran perdidamente. A partir de ese momento, ella se vuelve una mujer fuerte y decidida, que está dispuesta a hacer lo que sea por su amor, desde convertirse en bruja hasta ser la anfitriona de una fiesta infernal.

FAGOT

Fagot o Koroviev, como se le dice en algunas partes de la novela, es un miembro del séquito de Voland y parece ser su asistente y traductor. Se le describe como un tipo alto, con bigote y de gafas rotas, que viste siempre chaqueta o pantalones a cuadros. Parece un poco un bufón y se divierte gastándoles bromas a las personas y creando confusión.

BEHEMOTH

Behemoth, a quien también le dicen Hipopótamo, es, en realidad, un gato grande y negro, que habla y camina sobre dos patas y que puede adquirir forma humana a voluntad. Cuando es humano, es un tipo medio gordo, que usa una cachucha raída y tiene voz ronroneante y chillona. Disfruta mucho de jugar al ajedrez, tomar vodka y jugar con pistolas. Es el menos respetado de los secuaces de Voland y por eso es el más sarcástico y agresivo de todos.

AZAZELO

Azazelo, el último miembro del séquito de Voland, tiene nombre de demonio asesino, según la Biblia. No en vano, es el encargado de los actos más violentos de la novela, como matar y golpear a distintos humanos. Tiene el pelo rojo y brillante como el fuego, hombros anchos y atléticos, un colmillo que le sobresale de la boca y los ojos salidos. Es zurdo y del bolsillo de la camisa le sobresale siempre un hueso de pollo.

IVÁN NIKOLÁIEVICH

Iván, cuyo seudónimo es Desamparado, es un joven poeta, desgreñado y pelirrojo, que busca el consejo de Berlioz al principio de la novela. Sin embargo, cuando ve la muerte de este último e intenta denunciarla, es tomado por loco y lo internan en un manicomio. Allí intenta, primero, convencer al doctor de lo que le pasó, y después se convence de que, en efecto, está loco y debe tranquilizarse. La novela termina con él encerrado allí todavía y con ataques de tristeza durante las noches de luna llena.

MIJAÍL ALEXÁNDROVICH BERLIOZ

Berlioz, un hombre de mediana edad, pequeño, rollizo y calvo, es el editor de una importante revista literaria y el presidente de la junta del Massolit, el sindicato de escritores rusos. Es un intelectual correcto y el prototipo del escritor socialista ideal, que es exitoso no por su talento, sino por su obediencia a las reglas y su afán de complacer.

STEPÁN BOGDÁNOVICH LIJODÉYEV

Stiopa, como le dicen todos, es el director del teatro Variedades y quien firma un contrato con Voland para que se presente allí. Sin embargo, después de aquella firma, desaparece misteriosamente y deja a todos sus compañeros del teatro preguntándose qué pasó.

PONCIO PILATO

Pilato es una figura compleja y dramática. Aunque solo sabemos de él por el intermediario de Voland o de la novela del Maestro, sus rasgos son muy claros. A diferencia del Pilato que conocemos históricamente a partir de la Biblia, que es plano y del cual no podemos saber sus sentimientos, ideas o reflexiones, este es un hombre que medita, que conoce los sentimientos humanos, siente empatía y no quiere arruinar la vida de Joshúa. No es simplemente un antagonista que hace el mal porque sí. Al contrario, es tímido y cobarde y quiere salvar a Joshúa, pero no se atreve pues este ofendió al César. Después de la muerte de Joshúa queda intranquilo y lo tortura el remordimiento.

JOSHÚA GA-NOZRI

Joshúa es un hombre bueno y muy ingenuo, que cree que todos los seres humanos, incluso los que le pegan y lo maltratan, tienen algo de bondad en ellos. Esto lo hace absolutamente poderoso e ingobernable para Pilato: es capaz de morir por sus convicciones y de convertirlas, así, en inmortales. Representa la libertad espiritual absoluta y el triunfo último de la justicia.

CONSIDERACIONES FORMALES

GÉNERO: LA SÁTIRA MENIPEA

El maestro y Margarita es una novela difícil de clasificar. Se trata de una sátira, de una novela utópica o fantástica y de una reflexión filosófica, pues no parece estar movida tanto por la acción sino por el desarrollo de los pensamientos del autor.

Es por esto que varios críticos literarios, siguiendo a Bakhtin, han dicho que se trata de una sátira menipea, pues este género englobaría todas las características arriba esbozadas. Según Ellendea Proffer —importante académica que se ha dedicado a estudiar y traducir la literatura rusa—, por ejemplo, son varias las características de la novela que hacen pensar en una sátira menipea y que enumeraremos a continuación.

1. Una mezcla de lo serio y lo cómico, lo fantástico y lo realista, el drama y la comedia. Esto es particularmente evidente en los fragmentos intercalados de la historia sobre Poncio Pilato, que tienen un tono absolutamente diferente al de los otros fragmentos de la novela en los que las situaciones no son solo irreales y absurdas, sino que también son cómicas. Los desastres que Voland y su séquito causan en Moscú son siempre muy divertidos.

2. No se trata solo de que los fragmentos de Poncio Pilato sean más realistas y serios, sino también del hecho de que su estilo es más elevado y sofisticado. En estas partes, las metáforas son más complejas y las descripciones

más detalladas, mientras que en las partes de Moscú, el estilo es más humorístico, más ágil y refleja más el habla cotidiana.

3. En la sátira menipea, además, se rompe con la ubicación espacio-temporal tradicional. Es decir, que los hechos narrados no están ligados a la realidad por medio de la verosimilitud. En el caso de esta novela, a pesar de que tiene lugar en el Moscú de los años 30 y hay unas referencias absolutamente directas a este, los hechos son inverosímiles como lo son también los personajes.

4. Este género presenta normalmente elementos místicos o religiosos de forma cómica, como por ejemplo el diablo destruyendo una ciudad para divertirse y haciendo que el lector se ría con él. Así, las cuestiones más importantes y profundas de la vida son discutidas en las circunstancias más absurdas. Por ejemplo, cuando Berlioz y Voland hablan del bien y el mal, de Dios y el diablo, toda la situación es confusa, Voland se está haciendo pasar por un extranjero en la calle y se pone a interrumpir una conversación de dos desconocidos, que no entienden bien qué pasa.

5. Unido a lo anterior, se puede decir que en este género lo filosófico y lo fantástico van juntos. Como ya se dijo arriba, esta novela está más guiada por las reflexiones que por las acciones. No se trata de que esta no tenga acción ya que, al contrario, se producen muchos hechos, pero lo que mueve verdaderamente a la novela no es saber qué va a pasar después, sino seguir leyendo las reflexiones sobre el bien y el mal, la avaricia, la codicia, la obediencia, etc.

6. En este género, todos los tipos sociales son satirizados. No solo hay una crítica al Moscú de la década de 1930 y a

sus burócratas obedientes y sumisos, que no saben apreciar el verdadero talento y son un chiste, sino que además el pueblo, ávido de dinero y ropa gratis, es visto como superficial y codicioso y, en el fondo, poco comprometido con la causa socialista.

7. La paradoja es, pues, una de las herramientas utilizadas para hacer esa parodia y esa crítica. Así, por ejemplo, en la novela el diablo hace el bien y los comunistas se dejan seducir por el dinero fácil.

8. Finalmente, la característica quizás más importante de estas novelas es que tienden a parecer caóticas y desordenadas y se las podría juzgar por carecer, aparentemente, de unidad y consistencia. Sin embargo, Proffer explica que se trata, más bien, de que los autores de obras de este estilo no creen en el orden y la racionalidad del mundo. Entonces, por eso mismo, sus obras obedecen a leyes diferentes, pues si la realidad no es ordenada y llena de sentido, tampoco lo debe ser el arte. Al contrario, las relaciones que establece el arte trascienden el tiempo y el espacio y ligan a Jerusalén con el Moscú de 1930.

Una de las formas más claras de esta relación es el personaje de Poncio Pilato. Para Bulgákov él es un cobarde que, a pesar de que defiende el bien, con su cobardía se convierte en una herramienta del mal. Esto se puede relacionar con la Unión Soviética y con la experiencia particular de Bulgákov, quien sufrió mucho por culpa de burócratas que simplemente seguían órdenes y terminaban haciendo el mal. El hecho de que estos personajes no pudieran salirse de sus papeles y comportarse como hombres siempre desconcertó e inquietó a Bulgákov.

¿SABÍA QUE...?

El maestro y Margarita está profundamente influenciada por *el Fausto* de Goethe. Esta novela, la más famosa e influyente de su autor y del género «fáustico», parte de una leyenda clásica, muy popular en Alemania. Según esta, Fausto era un erudito exitoso, pero insatisfecho con su vida e incapaz de ser feliz, que hizo un trato con el diablo. El pacto consistía en intercambiar su alma por todo el conocimiento y los placeres terrenales.

Tan influenciada está la novela de Bulgákov por la obra de Goethe, que lo cita en su epígrafe: «—¿Quién eres, finalmente? —Una pequeña porción de ese elemento que, andando siempre en busca del mal, sólo sabe hacer el bien» (Bulgákov 2004, 1).

FORMA

Esta novela está compuesta por tres historias, esbozadas en el resumen, que se intercalan y entrelazan y cuya bisagra es la historia de amor del Maestro y Margarita. Sin embargo, a pesar de que la relación entre estas sucede en muchos niveles, a veces esto no es tan claro:

> «El problema crítico central que plantea *El maestro y Margarita* es la presencia de tres tramas muy difíciles que están entrelazadas de una forma tan intrincada que aparecen correspondencias y paralelismos entre personajes y eventos de las tres tramas distintas. Bulgákov da pistas de las rela-

ciones previstas por estos paralelismos, pero complica las cosas al poner sus pistas solo al final de la novela»[1] (Ericson 1974, 20).

En la historia del Maestro y Margarita confluyen los estragos que está causando Voland en Moscú y la historia de Poncio Pilato, pues como nos enteramos cuando la novela ha avanzado, lo que leemos son los fragmentos de la novela del Maestro.

Así pues, las historias entrelazadas serían la del diablo que llega a Moscú con sus secuaces y causa desastres, entre ellos el que internen a Iván en un manicomio; la segunda sería la historia de amor del Maestro y Margarita, cómo se conocieron, el rechazo de la novela del Maestro y su posterior internamiento; y la tercera historia serían los fragmentos de novela del Maestro sobre Poncio Pilato. Estos, a su vez y sin embargo, también pudieron ser escenas que Voland vio, pues varias veces él dice haber estado ahí, y también forman parte de la novela que Iván quería escribir.

Todas estas confluyen en la segunda parte, cuando Margarita se encuentra con Azazelo en un bus y este la cita en un lugar hasta el momento desconocido. Luego, Margarita conocerá a Voland, quien le dará una segunda oportunidad de ser feliz con el Maestro y le asegurará a este que su novela es buena. Cuando el Maestro le responde, confundido, que él quemó su novela, Voland le responde:

«—Perdone, pero no lo creo, eso no es posible. Los manus-

---

1. Cita traducida por ResumenExpress.com

Así, también podríamos decir que estamos leyendo una novela dentro de otra novela. Esto último, entonces, no es solo la culminación de toda la obra, sino que parece ser también un consuelo para Bulgákov y una premonición: los manuscritos nunca arden. Pues incluso después de su muerte, de sus sufrimientos y de la censura, hoy, casi cien años después, podemos leer esta novela.

Pero además de lo anterior, las correspondencias entre las partes tienen que ver, por ejemplo, con las fechas, pues tanto los fragmentos de Poncio Pilato como los de Moscú suceden en los mimos días correspondientes al Viernes Santo, Sábado Santo y Domingo de Pascua. Así mismo, en todas las partes el sol y la luna son elementos clave, presencias constantes que acompañan el humor y las emociones de los personajes. Finalmente, hay correspondencias entre los personajes: por ejemplo, entre el Maestro y Joshúa —que, como lectores, sabemos que es Jesús—, no solo porque a Jesús también se le dice maestro, sino porque el Maestro, como Jesús al ser crucificado, también fue juzgado injustamente. En el caso de Voland, por ejemplo, él mismo es otro elemento que le da unidad a todo, pues aparece en las tres historias como testigo y agente.

ESTILO

Como ya se ha mencionado más arriba, *El maestro y Margarita* es una novela compleja, con muchas posibles interpretaciones. Sin embargo, hay dos rasgos estilísticos que

sobresalen y en los que nos concentraremos en esta parte:
la combinación de lo real y lo sobrenatural, y la parodia
como forma de crítica social.

En primer lugar, tenemos la relación entre lo real y lo sobrenatural. Como se ha dicho, todas las historias confluyen en
la del Maestro y Margarita que es, además, la única que, en
principio, parece una historia normal y ajustada a las expectativas del lector. Sin embargo, pronto descubrimos que en
realidad esos dos personajes son los que nos conectan con
lo sobrenatural y con lo mágico, pues esto está inextricable-
mente ligado con lo real; lo uno no puede existir sin lo otro.
Lo real no puede existir sin su contraparte sobrenatural,
y lo sobrenatural necesita de lo natural para expresarse y
manifestarse. Así pues, como dice Ericson,

> «La realidad no puede estar circunscrita por la naturaleza
> solamente, y una perspectiva naturalista es miserablemente
> inadecuada»[2] (Ericson 1974, 21).

Lo sobrenatural, pues, no aparece gratuitamente en la
novela y también se relaciona con el segundo elemento
estilístico: la parodia. Esta impregna toda la obra y hace
que veamos con ojos distintos tanto al socialismo como a la
religión. Bulgákov no se burla solamente de los burócratas
y del pueblo ruso, sino que también parodia la ortodoxia
religiosa.

Así, a través de los tratos de Voland con el Maestro y
Margarita, Bulgákov parodia a dios y su relación con los

---

2. Cita traducida por ResumenExpress.com

hombres según la ortodoxia. El diablo toma forma humana, como Jesús, para ir a Moscú, una ciudad en la que nadie cree en él, como no creyeron en Jesús los judíos. Además, el gran baile de satán tiene muchos parecidos con una eucaristía cristiana, en la que Voland bebe sangre y los invitados alaban a Margarita como si fuera la Virgen.

Lo que hace Bulgákov, pues, con este estilo, es parodiar y criticar a todo el mundo al mismo tiempo. No solo se burla de las religiones y su fe ciega en sus dioses, sino que también se burla de la sociedad soviética y sus líderes con su fe ciega en la razón y en el comunismo.

El maestro y Margarita es, pues, un desafío artístico al realismo socialista y a sus exigencias de retratar al héroe soviético. En su novela, Bulgákov ridiculiza a la policía y sus espionajes, a los ateos y a los creyentes, al pueblo, a los intelectuales y a los burócratas. En esta sátira, nadie se salva. La novela es un homenaje a la imaginación y a la fantasía, tan aborrecidas en el mundo soviético, una celebración del lirismo y de la exageración y una provocación a aquella idea, tan socialista, de que toda obra debe responder a una finalidad clara que contribuya a la construcción de ciertos tipos sociales.

En últimas, Bulgákov se burla hasta de nosotros, sus lectores, que estamos esperando una historia consistente y cerrada con una explicación verosímil y quedamos solo con estos fragmentos paródicos, diversos y desordenados.

¿SABÍA QUE...?

La canción *Sympathy for the Devil* de los Rolling Stones está basada en este libro.

TEMÁTICAS Y CLAVES DE LECTURA

LA RELACIÓN ENTRE EL BIEN Y EL MAL

Podríamos empezar este apartado preguntándonos ¿qué va a hacer el diablo a Moscú? Y solo podemos esbozar teorías. Por ejemplo, se podría decir que el diablo va a recordar que el mal no solo existe, sino que, como el mismo Voland lo dice, es necesario para la existencia del bien. Esta es una discusión que sucede en varias partes de la novela y una reflexión incluso válida para nosotros como lectores hoy.

Se trata, pues, de una reflexión filosófica y teológica en torno a cómo necesitamos conocer el mal para poder conocer el bien, pues solo es posible entenderlo por oposición. El mal y el bien son, en últimas, dos caras de la misma moneda y, en esa medida, el mal es un complemento necesario del bien.

Luz y sombra, sol y luna. Las alusiones a esto a lo largo del texto son innumerables, y estos dos astros parecen, a veces, otros protagonistas por la cantidad de descripciones que se les invierte. El sol es el símbolo de la vida y la alegría y es la luz genuina y la luna solo puede reflejar la luz del sol; en esa medida, está cubierta de sombra, de enigmas y verla es más difícil, nos elude. Por eso, suele aparecer cuando aparece Voland. Su luz, a diferencia de la del sol, no es clara, sino que está distorsionada. Pero el sol a veces es también demasiado brillante en la novela, tanto que lastima a Poncio Pilato y a Joshúa, y siempre necesita de su contraparte de oscuridad y de sombra.

Además, el autor también parece querer decirnos que el mal es innegable en un mundo como el nuestro, plagado de sufrimientos e injusticias. Y, sobre todo, que todos los seres humanos, incluidos Pilato y Jesús, tenemos partes de luz y oscuridad, momentos de luz y momentos de sombra que son inherentes a nuestra condición de hijos de Dios, pero caídos por culpa del pecado.

LOS DEFECTOS DEL SER HUMANO

Un motivo recurrente a lo largo de la novela es el de Voland y sus secuaces burlándose de los moscovitas de alguna forma. Sin embargo, no es que estos hombres sean buenos y unas pobres víctimas, sino que el diablo tiene motivos para molestarlos.

Así, él y sus amigos se burlan de que los hombres son avaros y aprovechados. En varios episodios los sobornan para lograr lo que ellos quieren, para después tenderles una trampa que les cause un despido o problema con la policía. Además, son superficiales y vanidosos, y por ello diseñan una ropa que luego de un tiempo se desvanece en el aire.

Así, el diablo sería más parecido a Dios, que también castiga a los hombres por sus defectos y que tiene listas y listas de pecados y cosas que no pueden hacer los hombres. La diferencia es, sin embargo, que mientras Dios se enfurece realmente y está decepcionado, Voland y sus secuaces se divierten mucho y gozan con el caos y el desorden.

VERDAD Y LIBERTAD DEL ESPÍRITU

Como se dijo más arriba, Joshúa simboliza, para Bulgákov, la libertad. Este hombre, en su época, fue capaz de oponerse a todo, de contradecir a los más poderosos y de enseñarles a los hombres que no tenían que ser esclavos. Él fue capaz de ser fiel a sus convicciones y creencias y decidió morir por ellas. Así, hizo que sus ideas fueran aún más poderosas e inmortales.

Bulgákov admiraba esto, pues él mismo vivía en una sociedad en la cual fue aislado y rechazado y en la que se sentía completamente incomprendido. A pesar de sus intentos, sus obras fueron duramente juzgadas y censuradas por no cumplir con las expectativas de su época y, sin duda, tuvo razón en no publicar *El maestro y Margarita*, ya que en ese momento no hubiese sido sensato publicarla.

Esta novela es, en últimas, una oda a la libertad creativa, y nos lo recuerda en cada página y en cada capítulo. Las partes dispares pero conexas de la novela, su humor crítico con todo, sus conversaciones profundas y reflexiones sobre la vida, su historia de amor mezclada con fantasía y su forma de retomar temas religiosos nos hablan de una mente despierta, capaz de encontrar relaciones en todas partes y a través del tiempo, y nos invitan a pensar en torno a la libertad.

Particularmente, en el caso de Bulgákov se trataba de una libertad creativa imposible en ese momento en la Unión Soviética, pero que, como Bulgákov mismo tal vez sospechó, se trata de una libertad tan auténtica que fue capaz de sobrevivir, como se insinúa más arriba, al tiempo y la destrucción para llegar hoy a nuestras manos.

PISTAS PARA LA REFLEXIÓN

ALGUNAS PREGUNTAS PARA PROFUNDIZAR EN SU REFLEXIÓN...

- ¿Dentro de qué género clasificaría esta obra?
- ¿Cuál es la relación que se establece entre el bien y el mal?
- ¿Qué elementos nos pueden llevar a pensar que esta obra es una parodia de la Rusia de 1930?
- ¿Qué papel juega la historia de Poncio Pilato en la novela?
- ¿Por qué cree que el diablo escoge al Maestro y Margarita para ser benevolente con ellos?
- ¿En qué consiste la libertad espiritual para Bulgákov?
- Nombre por lo menos tres elementos de esta novela que la hicieron tan novedosa incluso en los años 60.
- ¿Le habla esta obra a la sociedad de hoy? ¿En qué sentido?

¡Su opinión nos interesa!
¡Deje un comentario en la página web de su librería en línea,
y comparta sus favoritos en las redes sociales!

PARA IR MÁS ALLÁ

EDICIÓN DE REFERENCIA

- Bulgákov, Mijaíl. 2004. *El maestro y Margarita*. Traducido por Julio Travieso Serrano. México: Lectorum.

ESTUDIOS DE REFERENCIA

- *Ericson, Edward. 1974. "The Satanic Incarnation: Parody in Bulgakov's The Master and Margarita". The Russian Review, vol. 33, n.° 1, 2036.*
- Lakshin, V. 1969. "M. Bulgakov's Novel *The Master and Margarita*". En *The Master and Margarita. A Critical Companion*. 1996. Editado por Laura Weeks. Illinois: Northwestern University Press.
- *Proffer, Ellendea. 1968. "The Master and Margarita: Genre and Motif". En The Master and Margarita. A Critical Companion. 1996. Editado por Laura Weeks. Illinois: Northwestern University Press.*

LECTURAS RECOMENDADAS

- Barratt, Andrew. 1987. "Beyond Parody: The Goethe Connection". En *The Master and Margarita. A Critical Companion*. 1996. Editado por Laura Weeks. Illinois: Northwestern University Press.
- *Haber, Edythe. 1975. "The Mythic Structure of Bulgakov's The Master and Margarita". En The Master and Margarita. A Critical Companion. 1996. Editado por Laura Weeks. Illinois: Northwestern University Press.*

ResumenExpress.com

GUÍA DE LECTURA

Muchas más guías para descubrir tu pasión por la literatura

www.resumenexpress.com

© **ResumenExpress.com, 2017. Todos los derechos reservados.**

www.resumenexpress.com

ISBN ebook: 9782806296627

ISBN papel: 9782806296634

Depósito legal: D/2017/12603/223

Cubierta: © Primento

Libro realizado por Primento*, el socio digital de los editores*

Made in the USA
Monee, IL
08 July 2026

56666555R00022